# DU RÉTRÉCISSEMENT ACQUIS

# DE L'ARTÈRE PULMONAIRE

PAR

Georges GASZTOWTT,

Docteur en médecine de la Faculté de Paris.

PARIS

HENRI REY, LIBRAIRE-EDITEUR

14, RUE MONSIEUR-LE-PRINCE, 14

1879

# DU RÉTRÉCISSEMENT ACQUIS

# DE L'ARTÈRE PULMONAIRE



PAR

Georges GASZTOWTT,
Docteur en médecine de la Faculté de Paris.

PARIS
HENRI REY, LIBRAIRE-ÉDITEUR
14, RUE MONSIEUR-LE-PRINCE, 14

1879

# DU RÉTRÉCISSEMENT ACQUIS

# DE L'ARTÈRE PULMONAIRE

## HISTORIQUE.

Valleix ne croyait pas à la possibilité du diagnostic des rétrécissements de l'artère pulmonaire. Aujourd'hui le doute n'est plus possible : les cas où il a été permis d'étudier les symptômes du rétrécissement pulmonaire, de le diagnostiquer pendant la vie et de vérifier le diagnostic par l'autopsie, sont assez nombreux pour qu'on puisse, d'une façon certaine, établir la symptomatologie de cette affection, surtout depuis le remarquable mémoire lu par M. C. Paul à la Société médicale des hôpitaux, dans la séance du 11 août 1871.

Sans compter le cas que lui-même avait eu l'occasion d'observer et d'étudier, M. C. Paul avait découvert dans ses recherches onze observations de rétrécissement pulmonaire acquis. Il est vrai que, dans ces onze observations, la lésion n'a pas toujours été diagnostiquée pendant la vie : dans deux ou trois elle n'a pu être constatée que sur le cadavre ; mais, dans les autres, la marche de la maladie avec tous ses symptômes et toutes ses complications a été bien suivie et parfaitement étudiée.

Un an environ après la publication du travail de M. Paul, le Dr Solmon présenta à la Faculté de Paris une thèse écrite sur le même sujet, où il fit connaître quelques nouvelles observations, dont trois lui sont personnelles. Hâtons-nous de dire que l'observation de ces nouveaux cas, étudiés pour la plupart *ante et post mortem*, le conduisit aux mêmes conclusions que M. Paul.

Il en est de même pour une observation que nous trouvons consignée dans le Bulletin de la Société anatomique de 1873, et présentée par M. Budin, alors interne des hôpitaux.

Dans son article du Dictionnaire encyclopédique des sciences médicales (Dechambre), sur la pathologie du cœur, le professeur Potain indique également plusieurs observations de rétrécissement acquis, entre autres celle du Dr Meynet (Gazette médicale de Lyon, 1867), lequel signale un fait du Dr Bondet consigné une huitaine d'années auparavant dans le même journal, 1859.

Au mois de décembre 1877, deux nouveaux cas furent présentés par le Dr Straus à la Société médicale des hôpitaux.

Enfin, ces jours derniers, MM. les Drs C.

Paul et Duguet ont lu à la même Société, le premier une, le second deux observations que nous reproduisons dans notre travail.

Dans l'une des observations de M. Duguet, l'autopsie est venue confirmer le diagnostic.

Nous avons pu examiner nous-même les trois malades en question, étudier les symptômes si nettement indiqués dans ces trois observations, et nous convaincre que ces symptômes sont, de tous points, semblables à ceux qui ont été signalés dans les travaux précédemment cités.

Obs. I. — Rétrécissement acquis de l'artère pulmonaire chez un malade mort de tuberculose généralisée. Pièces présentées à la Société médicale des hôpitaux, par MM. Duguet et Landouzy.

Magn... (Louis), âgé de 24 ans, confiseur, entre à la Charité dans le service de M. le professeur Hardy, le 10 avril 1878. Né dans la Haute-Vienne, à Paris depuis l'âge de 17 ans, il raconte que son père est mort à 38 ans d'une maladie de poitrine qu'il nous est difficile de déterminer. La mère est morte subitement à l'âge de 47 ans. Trois frères et deux sœurs ont succombé du croup dans leur enfance. Il lui reste deux sœurs qui paraissent jouir d'une santé parfaite. Lui-même, de 5 à 17 ans, s'est toujours bien porté, a parcouru la France dans tous les sens comme ramoneur sans jamais être arrêté par la fatigue ou la maladie. Il était depuis un an à Paris, en qualité d'apprenti confiseur, quand il fut pris d'un rhumatisme aigu généralisé, pour lequel il fut soigné à l'Hôtel-Dieu : il y resta six mois et paraît en être sorti sans qu'on ait remarqué chez lui de manifestations cardiaques sérieuses.

L'année suivante, nouvelle attaque de rhumatisme articulaire aigu généralisé, pour lequel il rentre à l'Hôtel-Dieu. Cette fois, la région du cœur préoccupe plus vivement le médecin et les élèves de service, qui s'arrêtaient souvent et longuement pour ausculter la région du cœur. Guéri de son rhumatisme, Magn... séjourna longtemps encore à l'hôpital où il se trouvait retenu par une toux sèche et fréquente. A 20 ans il quitte Paris pour aller à Angers, où il devient garçon de restaurant; mais bientôt il se voit obligé d'entrer à l'hôpital d'Angers pour des palpitations et une toux devenue très-fréquente, et accompagnée d'une expectoration jaunâtre, parfois sanguinolente. Magn... séjourne deux années entières à l'hôpital d'Angers, tantôt comme malade ou comme convalescent, tantôt comme infirmier auxiliaire; il continue à souffrir de ses palpitations et ne cesse de tousser ni de cracher. C'est dans cet état que, fatigué de ne pas voir son état s'améliorer, il revient à Paris.

Il rentre de nouveau à l'Hôtel-Dieu où il passe tout l'hiver, et il en sort au printemps, pâle et défait, pour aller en convalescence à l'asile de Vincennes. Là il est pris d'une hémoptysie qui motive encore une fois son admission à l'hôpital.

Il entre cette fois à la Charité, et c'est alors qu'il nous est donné de l'observer.

Magn..., de taille moyenne, est pâle, très-amaigri; la marche, l'action même de parler le fatiguent rapidement et l'essoufflent. Point d'œdème aux malléoles. Facies de phthisique.

La poitrine est étroite, mais sans déformation particulière; des deux côtés, sous la clavicule, mais à gauche surtout, submatité étendue aux deux premiers espaces intercostaux, et accompagnée d'un affaiblissement considérable du murmure vésiculaire, remplacé par un bruit de taffetas perceptible surtout à la fin des fortes inspirations. De plus, sous la clavicule gauche, le retentissement de la voix est très-marqué. En arrière, on constate une matité très-évidente, avec perte d'élasticité dans les fosses sous-épineuses; la respiration y est légèrement soufflante, accompagnée de bruit de taffetas et de râles sous-crépitants, avec retentissement des bruits du cœur, et même d'un bruit de souffle cardiaque, perceptible dans la fosse sus-épineuse gauche. La toux qui est toujours fréquente est suivie, principalement le matin, du rejet de crachats verdâtres, arrondis et déchiquetés sur les bords. Les repas provoquent très-souvent la toux qui amène fréquemment des vomissements alimentaires.

La région précordiale n'offre aucun relief appréciable; à la vue comme à la main il est impossible de déterminer l'endroit précis où bat la pointe du cœur ; l'auscultation donne à penser que la pointe du cœur n'est point sensiblement abaissée; toutefois, les battements du cœur sont transmis nettement vers la base de l'appendice xiphoïde, ce qui permet de penser qu'il existe un développement notable du cœur droit. Point d'irrégularités ni d'intermittences dans les battements du cœur.

On entend à la base du cœur un bruit de souffle systolique, rude et assez prolongé. Il remplace le premier bruit du cœur, et s'entend avec une intensité remarquable dans le deuxième espace intercostal gauche, au-dessus du cartilage sterno-costal, de la 3e côte à 1 centimètre environ du bord gauche du sternum. C'est là que le bruit morbide offre son maximum d'intensité. De ce point il se propage, bien entendu en s'amoindrissant, à droite jusque vers le bord droit du sternum, et en haut et en dehors, suivant la direction d'une ligne qui viendrait tomber sur la clavicule, à l'union de son quart interne avec ses trois quarts externes; mais le bruit perd rapidement de son intensité un peu au-dessous de la clavicule, bien qu'il se perçoive jusque dans les carotides, plus à gauche qu'à droite. Ce bruit de souffle prolongé est suivi d'un autre bruit assez bref, diastolique, normal. D'ailleurs, à la pointe du cœur, les bruits sont normaux. De temps en temps, mais nullement d'une façon constante, on perçoit un frémissement cataire dans le deuxième espace intercostal gauche, à l'endroit même où le souffle systolique est au maximum.

Les jugulaires ne font aucune saillie; le pouls régulier, égal, bien frappé, et d'une fréquence ordinaire, donne au sphygmographe une ligne ascendante courbe, peu élevée, suivie d'une ondulation à peine indiquée.

Anorexie, tendance à la diarrhée, sans coliques. Fièvre vespérale et sueurs nocturnes. Point d'albumine dans les urines. La situation ne change guère pendant les mois qui suivent. En mai et en juillet surviennent des poussées congestives accompagnées de bronchite et d'hémoptysies légères. En août et septembre, on constate que la matité des sommets s'est étendue, qu'il s'y est produit du ramollissement, que l'expectoration est devenue plus abondante et les vomissements alimentaires plus fréquents. L'amaigrissement et la pâleur progressent, la diarrhée tend à devenir habituelle, les doigts deviennent hippocratiques, l'œdème se montre facilement aux malléoles et se dissipe de moins en moins par le repos au lit; l'oppression augmente. Pendant que, de toutes parts, les phénomènes pulmonaires s'aggravent, les signes fournis par l'examen du cœur restent identiquement les mêmes depuis que le malade est entré à la Charité.

Du mois de juillet au mois de septembre, le malade déclina lentement sous le coup de la fièvre symptomatique, de la diarrhée, des vomissements, des sueurs nocturnes, de la toux, de l'expectoration, en un mot de la cachexie tuberculeuse; il succomba le 17 septembre.

*Autopsie* pratiquée le 15 septembre.

A. Thorax. — (*a*) *Plèvres, médiastins, poumons.* — Les plèvres sont exemptes de tout liquide et de toute adhérence, sauf au sommet de la cage thoracique, où se voient des fausses membranes solides, épaisses et plus étendues à gauche qu'à droite.

Les médiastins renferment un grand nombre de ganglions bronchiques et trachéaux formant chapelet; leur volume, généralement considérable, varie de celui d'une noisette à celui d'une noix; ils sont gris, noirâtres; ceux de gauche, de dimensions plus grandes, se continuent comme les anneaux d'une chaîne avec d'autres ganglions un peu moins volumineux qui entourent la carotide et la jugulaire. Cette disposition explique sans doute le retentissement du bruit de souffle cardiaque jusque dans les vaisseaux du cou, principalement à gauche.

L'enlèvement du poumon gauche amène une déchirure du sommet dont une partie adhère aux parois du thorax; la scissure interlobaire est effacée par d'anciennes adhérences. Le bord antérieur est emphysémateux, surtout en haut, il en est de même en bas du bord postérieur; on trouve çà et là, sous la plèvre, un assez grand nombre de granulations tuberculeuses. Le lobe supérieur est creusé, au sommet, d'une série de cavernes et de cavernules qui communiquent entre elles, et avec les bronches sensiblement dilatées; des tractus fibreux peu épais le parcourent. Les parties inférieures du lobe supérieur contiennent, irrégulièrement distribuées, des granulatious miliaires mélangées à des tubercules crus de différents volumes, autour desquels le tissu pulmonaire est fortement hyperémié.

Le lobe inférieur est pareillement altéré; de plus, on trouve en plein parenchyme pulmonaire, un peu au-dessus du bord postéro-inférieur, une caverne à parois anfractueuses du volume d'une noix.

Le poumon droit est retenu au sommet de la cavité thoracique par des adhérences solides, adhérences qu'on retrouve dans les scissures interlobaires. Le bord antérieur du poumon est emphysémateux. Sous la plèvre se voient, disséminées, des granulations miliaires qui la soulèvent et qui ont le volume d'un grain de mil.

Au sommet existe une caverne du volume d'une noix, et le reste du poumon est rempli de tubercules, à la manière du poumon gauche. Les ganglions du hile sont gros et de couleur cendrée.

(b) *Péricarde, cœur et vaisseaux.* — Le péricarde contient environ une cuillerée de liquide citrin ; à la face interne du feuillet pariétal antérieur se voient deux petites plaques laiteuses faisant une légère saillie.

Le cœur est globuleux et la pointe appartient exclusivement au ventricule droit, dont le volume apparent dépasse de beaucoup celui du ventricule gauche.

Le diamètre vertical du cœur est de 85 millimètres, le transversal, de 88, et l'antéro-postérieur, de 40.

Le ventricule gauche, d'aspect normal, mesure dans sa plus grande épaisseur 12 millimètres ; ses piliers et ses cordages sont normaux. La valvuve mitrale, à peu près saine d'ailleurs, présente sur sa face auriculaire, tout à fait au voisinage de son bord libre, une petite collerette nacrée, violette, vestiges probables d'une endocardite ancienne. L'orifice aortique, les valvules, ainsi que l'oreillette gauche ont leur aspect normal.

Le ventricule droit offre une cavité agrandie, et de plus il est hypertrophié, attendu que ses parois, fermes et résistantes, présentent jusqu'à 8 millimètres d'épaisseur.

L'orifice auriculo-ventriculaire, légèrement rétréci, mesure dans son plus grand diamètre 33 millimètres. Le bord libre de la valvule, du côté qui regarde l'oreillette, est muni d'une couronne de végétations nacrées, noduleuses. Les cordages sont plus épais, d'un blanc mat et d'aspect fibreux ; les piliers eux-mêmes sont épaissis et blanchâtres, principalement celui qui, s'insérant à la base même de l'infundibulum, s'insère à la valve antérieure e l'orifice tricuspidien.

L'infundibulum, singulièrement étroit (9 millim. de diamètre), laisse difficilement pénétrer l'extrémité du petit doigt.

Le ventricule droit est surmonté par le tronc de l'artère pulmonaire qui, grâce à la dilatation et à l'amincissement de ses parois, forme une sorte de large sinus infundibuliforme à sommet inférieur répondant à l'origine même du vaisseau, à base supérieure reposant sur le point de bifurcation de l'artère.

Ce sinus mesure jusqu'à 35 millimètres dans son plus grand diamètre transversal, et 23 millimètres à sa naissance.

Vu d'en haut, après incision verticale du sinus, l'anneau valvulaire de l'artère pulmonaire paraît considérablement rétréci, et, de plus, l'orifice intervalvulaire n'a plus que les dimensions d'une boutonnière capable de donner passage à une grosse plume d'oie ; cette boutonnière ne mesure, en effet, que 8 millimètres dans son plus grand diamètre. Les bords en sont lisses, réguliers, arrondis; leur épaisseur est de 11 millimètres ; ils sont formés par la soudure latérale des angles des trois valvules sigmoïdes. De plus, la soudure s'étend aux bords contigus des valvules dont l'épaisseur s'est accrue également, de telle sorte que l'artère pulmonaire, à son origine, est pour ainsi dire munie d'un diaphragme membraneux percé d'un orifice central, et ce diaphagme perforé, offrant une convexité du côté de l'artère, et une concavité du côté du cœur, représente une sorte de voûte ou de dôme formé par l'accolement étroit et régulier des trois valvules sigmoïdes de l'artère. Entre ce dôme et la face interne de l'artère existe un sillon profond, circulaire, subdivisé en trois segments par les vestiges des attaches valvulaires : ces trois segments forment trois cavités qui rappellent exactement les trois nids de pigeon des valvules normales.

Bien que les parois des valvules réunies soient épaissies notablement, elles sont dépourvues de végétations, et le diaphragme valvulaire a conservé assez de souplesse pour que la boutonnière se ferme lorsqu'on introduit de l'eau dans le tronc de l'artère. Il n'existe donc point d'insuffisance à l'orifice de cette artère.

Les parois du tronc artériel paraissent saines, sauf en un point qui correspond à l'accolement de l'artère pulmonaire avec l'aorte ascendante, dans l'étendue d'une pièce de 2 francs environ ; là l'endartère est dépolie et comme végétante; partout ailleurs et jusqu dans les branches de division de l'artère qui ne sont point dilatées, la face interne du vaisseau est parfaitement lisse.

L'oreillette droite, beaucoup plus distendue que l'oreillette gauche, offre des parois qui ont au moins triplé d'épaisseur. L'auricule est développé dans les mêmes proportions. D'ailleurs, la face interne en est lisse, la fosse ovale est normale et le trou de Botal parfaitement oblitéré. Le canal artériel est représenté par un maigre cordon fibreux.

B. Abdomen. — Le péritoine ne contient point de liquide, cependant le péritoine intestinal présente quelques plaques vasculaires et blanchâtres qui paraissent en rapport avec des lésions intestinales sous-jacentes.

En effet, sur la muqueuse de la fin de l'intestin grêle, dans l'étendue de plus d'un mètre de long, se voient de nombreuses ulcérations à bords irrégulièrement déchiquetés, les unes superficielles, les autres profondes, toutes disposées perpendiculairement à l'axe de l'intestin.

Dans l'S iliaque et dans le rectum existe une injection capillaire exagérée, avec psorentérie et petites ulcérations à bords déchiquetés.

Le foie, sensiblement augmenté de volume, est gras et congestionné ; il offre un peu, à la coupe, l'aspect du foie amyloïde, mais la réaction caractéristique fait défaut.

La rate est ferme, d'un volume ordinaire, mais sous la capsule fibreuse, existent de nombreuses granulations semi-transparentes.

Les reins offrent également à la coupe un aspect amyloïde que la réaction ne confirme pas; ils sont gras et un peu volumineux.

L'encéphale ne présente rien à noter.

Obs. II (communiquée par M. Duguet. — Rétrécissement de l'orifice de l'artère pulmonaire acquis, consécutif à une endocardite rhumatismale chez un jeune homme non cyanosé et non tuberculeux.

M... (René), âgée de 16 ans et demi, employé aux magasins du Printemps, entre à l'hôpital Tenon, salle Lelong, n° 19, le 19 février 1879, pour une attaque de rhumatisme articulaire subaigu. Son père était Breton ; il est mort il y a douze ans, d'une bronchite chronique qui le tourmenta depuis l'âge de 21 ans jusqu'à sa mort, à 59 ans. Sa mère, Bretonne également, a succombé en trois jours à une fluxion de poitrine, deux ans avant la mort de son père.

M... eut neuf frères et sœurs, tous nés en province et morts en bas âge d'accidents divers ou de maladie; un seul qui était parvenu à l'âge de 27 ans, bien portant, fut tué pendant la guerre de 1870.

Les parents collatéraux jouissent tous d'une bonne santé, sauf une tante maternelle qui est atteinte d'une maladie de cœur compliquée fréquemment d'attaques de rhumatisme articulaire. Quant à lui, né à Paris, il fut envoyé à Blesme (Marne) à l'âge de de 2 mois; il y fut élevé avec du lait de chèvre. Son enfance se passa sans accidents; plus tard, il fut recueilli par des parents qu'il avait à Saint-Dizier et qui lui firent donner une certaine instruction.

A 10 ans, il eut la rougeole, sept mois plus tard une fièvre typhoïde, forme cérébrale. A 12 ans et demi, à la suite d'un bain froid pris imprudemment le 2 novembre dans la Marne, il fut pris d'une bronchite intense.

Le 13 janvier suivant il passa une grande partie de la nuit dehors, exposé à un froid rigoureux, et deux jours après se déclara un rhumatisme articulaire généralisé qui dura quinze jours.

Jusque-là point de palpitations; c'est à la suite de cette attaque de rhumatisme qu'elles se sont montrées pour la première fois.

Arrivé à Paris il y a huit mois M... fut placé au Printemps. Il y était depuis trois mois, employé aux écritures, par conséquent occupé à des travaux qui n'exigeaient pas de grands efforts, mais couchant la nuit sur les comptoirs, mal couvert, et en face de fenêtres mal closes, quand il fut atteint d'une seconde attaque de rhumatisme articulaire beaucoup plus violente que la première. C'était au mois de novembre dernier.

Après avoir été soigné quelques jours chez son oncle, rue Oberkampf, il fut amené à l'hôpital Ménilmontant et placé dans le service de M. Rigal.

Le rhumatisme avait débuté le 18 par des douleurs occupant le pied, puis le genou du côté droit; il avait gagné ensuite le genou, puis le pied du côté gauche, puis les deux hanches; enfin, quatre jours plus tard, le bras droit était envahi et ensuite le bras gauche.

A l'arrivée du malade à l'hôpital, le 25 novembre, toutes les jointures étaient prises; la fièvre très-intense était accompagnée de sueurs abondantes, de palpitations, de délire, et donnait, à l'aisselle, 39°,7. Sous l'influence du salicylate de soude administré le premier jour à la dose de 8 gr, le second à 6 gr., le troisième à 4 gr. et bientôt supprimé, la fièvre tomba et, avec elle, le délire et les sueurs; mais, au quatrième jour de l'entrée, M. Riga constatant une endocardite de la base du cœur fit appliquer successivement deux vésicatoires volants assez étendus à la région précordiale. Les palpitations diminuèrent.

Huit jours après reprise des accidents; le rhumatisme envahit de nouveau les jointures qu'il venait de quitter et, de plus, les articulations du cou et de la colonne vertébrale. Les sueurs abondantes reparurent, mais la fièvre n'atteignit pas cette fois le même degré. Sous l'influence du salicylate donné pendant cinq jours aux doses successives de 8, 6, 5 et 4 gr., la guérison eut lieu; elle dura neuf à dix jours. Après quoi survint une nouvelle rechute moins sévère mais plus longue, malgré le salicylate de soude administré de nouveau. On vit encore une troisième, puis une quatrième rechute, de moins en moins fortes, mais de plus en plus longues et toujours traitées par le salicylate de soude.

Le malade sortit enfin de l'hôpital le 23 janvier, conservant une certaine roideur des diverses articulations. Il aurait pris en deux mois 160 gr. de salicylate de soude.

Il fit la convalescence chez son oncle, puis retourna au printemps. Quatre jours après il était repris de nouveau par ses rhumatismes. Les palpitations s'accompagnèrent même de trois ou quatre lipothymies. Il se présenta à la consultation de l'hôpital Ménilmontant pour y être reçu et nous le fîmes placer dans notre service, salle Lelong.

On put alors constater chez lui l'existence d'un rhumstisme subaigu occupant les membres supérieurs et surtout le poignet droit, les membres inférieurs et principalement le genou gauche qui était le siége d'un épanchement assez considérable. L'appétit était conservé, mais l'état général était déplorable; le malade, grand pour son âge, était maigre, d'une pâleur extrême, les yeux excavés. En dehors de la décoloration des muqueuses qui était générale, on percevait dans les vaisseaux du cou un bruit continu, saccadé, avec bourdonnement musical intermittent très-intense. Les palpitations, fréquentes, semblaient se rattacher à une affection organique du cœur prédominante à la base et caractérisée par un bruit de souffle très-rude au premier temps. Au lendemain de l'entrée du malade on ne put pas préciser davantage l'état du cœur; on le soumit de nouveau pendant quelques jours au salicylate de soude à la dose de 4 gr.; de la teinture d'iode fut appliquée à plusieurs reprises sur le genou gauche, et le rhumatisme disparut encore une fois assez rapidement. Puis on institua un traitement tonique qui réussit parfaitement, puisque du 18 février au 28 mars le malade a gagné 5 kilogr. Mais en auscultant chaque jour la région du cœur, nous fûmes frappé de l'intensité du bruit de souffle de la base, au premier temps, et de la fixité invariable de son maximum dans le deuxième espace intercostal gauche tout contre le sternum.

Voici, en effet, ce que nous observons chez notre malade depuis six semaines.

Le thorax a peu d'ampleur, la région précordiale, plutôt déprimée que saillante, présente une large plaque carrée de pigmentation brune se rattachant aux vésicatoires volants qui y furent appliqués.

A l'œil, on perçoit à peine un léger soulèvement du cinquième espace intercostal gauche sous le mamelon et un peu en dehors de lui; c'est là, en effet, qu'avec le doigt on sent battre la pointe du cœur, qui est par conséquent abaissée et légèrement portée à gauche, ce qui dénote un peu d'hypertrophie du cœur droit.

Les battements du cœur sont faiblement accusés à la main appliquée sur la région précordiale, et l'on y perçoit de temps en temps, mais non d'une façon constante, un frémissement cataire, qui est très-marqué, principalement vers la base du cœur.

La percussion donne une matité un peu exagérée, de 6 centim. verticalement et de 5 transversalement. Dans le deuxième espace intercostal gauche, à 1 centim. environ du sternum, existe un bruit de souffle systolique prolongé, d'une force et d'une rudesse remarquables. C'est dans ce point précis qu'il offre son maximum d'intensité. De là il rayonne pour s'affaiblir de plus en plus et faire place au bruit systolique normal, en haut, sous le cartilage de la première côte, dans le premier espace intercostal, où il se perd, se dirigeant vers la partie interne de la clavicule qu'il n'atteint pas; en bas, dans le troisième espace intercostal et jusque sous le cartilage de la quatrième côte qu'il ne dépasse pas, en dehors de 3 ou 4 centim., en dedans jusque vers le milieu du sternum.

L'intensité de ce souffle rude est au maximum quand le malade est couché. Elle diminue sensiblement quand il est debout.

On va presque jusqu'à l'éteindre quand, fermant les narines et la bouche du malade, on lui fait faire un effort violent d'expiration. Sous le cartilage de la troisième côte droite et dans le deuxième espace intercostal du même côté, au voisinage du sternum, on constate un prolongement systolique doux, plus marqué également quand le malade est couché, et qui rayonne faiblement en bas, dans le troisième espace intercostal droit, faiblement dressé en dehors, un peu plus en dedans sous le sternum, davantage en haut, sous le cartilage de la deuxième et même de la première côte. Ce prolongement ne saurait, en aucune façon, être considéré comme un retentissement du souffle rude du deuxième espace intercostal gauche.

Dans les vaisseaux du cou existe un murmure continu, s'accompagnant d'un bourdonnement musical intermittent. Le bruit diastolique est normal à la base, à gauche et à droite A la pointe, dans la région du mamelon, et même en bas et en dehors, dans le sixième espace intercostal gauche, on entend les bruits normaux du cœur avec une netteté parfaite.

Il en est de même en prolongeant l'auscultation jusque vers l'aisselle, dans le sens de propagation des bruits mitraux.

Sous le sternum, au même niveau, et jusque dans le quatrième espace intercostal droit, au foyer des bruits tricuspidiens, on perçoit les deux bruits normaux du cœur qui offrent partout la même régularité.

Le pouls est peu développé, régulier, sans intermittence. Au sphygmographe on a une ascension un peu brusque.

Le malade n'accuse point d'oppression; il peut marcher et monter rapidement, et même courir, sans éprouver autre chose que des palpitations. Bien qu'empreint encore d'une certaine pâleur, le facies est redevenu rosé. Les veines jugulaires se dessinent visiblement, mais il n'existe point et il n'a jamais existé de cyanose.

M... ne tousse jamais, et les poumons examinés avec la plus grande attention n'offrent absolument rien à noter, au point de vue de la tuberculose en particulier, ni à l'auscultation ni à la percussion.

Il en est de même, du reste, pour le fonctionnement de tous les organes : tube digestif, foie, reins, et système nerveux.

Nous diagnostiquons donc un rétrécissement pulmonaire acquis, par le fait d'une endocardite rhumatismale chez un jeune homme qui n'a exercé aucune profession fatigante, qui n'a pas de cyanose, et qui, pour le moment, n'offre aucun signe de tuberculose pulmonaire.

### Obs. III.

M. Paul rapporte l'observation d'un malade, employé comme portefaix au chemin de fer du Nord, qui avait joui d'une bonne santé jusqu'au mois de mai dernier 1878.

Un jour, étant en sueur, il se reposa, s'endormit sur un banc, et, à son réveil, fut pris de frisson. Il rentra chez lui, se mit au lit, et le médecin qu'il appela, constata une congestion du poumon gauche, pour laquelle il prescrivit l'application d'un vésicatoire en arrière de la poitrine.

Le malade garda le lit pendant un mois, puis fut trouvé mieux, sans toutefois être assez fort pour reprendre son travail.

Le 9 novembre 1878 il entra à Lariboisière. Au mois de janvier 1879 M. Paul, qui prit le service, constata chez ce malade l'état suivant : aspect extérieur bon, diminution des forces, toux, atrophie des muscles pectoraux, saillie des côtes :

Le poumon droit est sain. A gauche, sous la clavicule, matité dans le premier espace intercostal; respiration faible, râles sous-crépitants humides très-rapprochés; mais l'oreille est frappée par un phénomène insolite, celui de l'impulsion artérielle considérable, avec bruit de souffle. En arrière, moins de sonorité dans la fosse sus-épineuse; respiration faible avec râles sous-crépitants très-nombreux, très-serrés, très-humides, sans bruit de souffle à l'expiration; retentissement de la toux et de la voix.

Ce sont les symptômes caractéristiques de tubercules ramollis occupant le sommet du poumon.

La pointe du cœur bat derrière la cinquième côte, à 10 centimètres de la ligne médiane. Le bord supérieur du foie correspond au bord inférieur du triangle cardiaque. Cette ligne est presque horizontale.

L'examen du bord droit vertical du triangle cardiaque place cette ligne à 1 centimètre 1/2 du bord droit du sternum.

Il résulte de cette mensuration que le cœur est gros, mais que l'hypertrophie ne porte pas sur le cœur gauche, sans quoi la pointe du cœur serait descendue dans le cinquième et même dans le sixième espace intercostal avant d'atteindre un éloignement aussi considérable de la ligne médiane.

L'auscultation du cœur, faite au siége d'élection des bruits appartenant aux divers orifices, ne révèle rien. Il n'en est pas de même du foyer des bruits de l'artère pulmonaire. On constate un bruit de souffle qui présente les caractères suivants :

1° Au point de vue du siége, il est placé dans le deuxième espace intercostal gauche, commence au bord gauche du sternum et s'étend vers l'aisselle jusqu'à 8 centimétres du bord du sternum. On l'entend également tout près du bord du sternum, dans une étendue de 1 ou 2 centimètres. Il déborde un peu le sternum à droite, mais on perçoit nettement qu'il s'agit d'un bruit lointain ; le maximum du bruit est à 3 centimètres du bord gauche du sternum.

2° Au point de vue du temps, le bruit est systolique ; il commence avec la systole, se développe pendant la durée de la diastole et se termine un peu avant le claquement des sigmoïdes qui donnent un deuxième bruit nettement frappé. Mais ce bruit de souffle présente des caractères spéciaux, dont le plus important consiste dans l'intensité du bruit, selon que le malade est debout ou couché.

Lorsque le malade est couché dans un plan sensiblement horizontal, le bruit de souffle atteint son maximum d'intensité et s'accompagne de frémissement cataire. Au contraire, quand il est debout, le bruit domine considérablement.

Le deuxième caractère propre aux bruits de l'artère pulmonaire est le suivant : si l'on ferme les narines et la bouche du malade, et si, en même temps, on lui fait faire un effort violent d'expiration, sans que l'air puisse sortir, on voit l'ondée sanguine de l'artère se réduire, le bruit diminue de durée et disparaît presque complétement.

A ce moment, si l'on rend au malade la liberté de respiration, il fait des inspirations très-grandes ; le sang de l'artère pulmonaire afflue sans obstacle et les bruits reprennent progressivement leur intensité première et la dépassent même pendant un moment. Tous ces phénomènes sont des signes évidents d'une lésion de l'artère pulmonaire, siégeant à son orifice et rétrécissant son calibre.

Comme corollaire, on trouve qu'à l'appendice xiphoïde l'impulsion a une intensité remarquable, et qu'à ce niveau (bord gauche du sternum), les bruits du cœur tendent à prendre le rhythme d'une pendule, c'est-à-dire que le petit et le grand silence tendent à s'égaliser, phénomènes qui appartiennent à l'hypertrophie du cœur droit.

On trouve enfin dans les veines du cou un bruit léger, musical.

Il est bien évident que tous ces caractères appartiennent à la lésion qu'on a supposée, et qu'il ne s'agit pas d'une affection de l'aorte. Au foyer des bruits aortiques, c'est-à-dire à droite du sternum, dans le deuxième espace intercostal, on n'entend qu'un bruit doux et lointain. Il faut également écarter l'hypothèse d'un anévrysme de la partie descendante de l'aorte donnant un bruit de souffle dans le deuxième espace intercostal gauche, car on ne remarque pas d'aphonie consécutive à l'altération du récurrent, ni aucun battement d'expansion.

Le pouls est régulier, il n'y a pas de cyanose ni d'œdème pulmonaire, ni de congestion hépatique, ni d'œdème des membres inférieurs, en un mot, pas de phénomènes secondaires du côté des organes circulatoires ni des voies digestives.

Depuis un mois, ce malade est sujet à des attaques nerveuses consistant en douleur anxieuse de la région cardiaque, spasmes pharyngiens, pleurs avec conservation complète de la connaissance ; ces attaques, qui n'offrent pas les symptômes ordinaires de l'angine de poitrine, ressemblent aux attaques de l'hystérie.

Ces faits ne sont-ils pas tout à fait concluants? Le cadre nosologique est complet. Les symptômes sont identiquement les mêmes dans ces différents cas. Et non-seulement les observations nouvelles que nous rapportons ici sont semblables entre-elles, mais leur comparaison avec les précédentes démontre clairement que nous avons affaire à une affection aussi nette dans ses symptômes que le sont les autres lésions du cœur les plus communes. La lésion elle-même, si bien décrite dans la première observation de M. Duguet, est telle qu'on l'avait constatée dans les faits les plus avérés jusqu'à ce jour.

Nous pensons donc, comme nous l'avons avancé plus haut, que l'on peut tracer un tableau complet et définitif, non-seulement des symptômes de rétrécissement, mais encore de la lésion anatomique, de son siége, de ses complications, de son étiologie.

C'est ce que nous allons tenter de faire.

Symptômes. — Nous n'insisterons pas sur les symptômes généraux, qui n'offrent rien de particulier; les symptômes propres à la lésion elle-même ressemblent à peu près à ceux que l'on rencontre habituellement dans les affections cardiaques. On peut dire toutefois d'une façon générale que les troubles fonctionnels se font plutôt sentir dans la circulation cardio-pulmonaire, tandis que les lésions des autres orifiices ont plus de retentissement sur la grande circulation.

Quant aux symptômes qui se rapportent aux complications pulmonaires, ce sont ceux de la phthisie à tous ses degrés.

Nous ne parlerons pas de la cyanose ; contrairement à se qui se passe dans le rétrécissement congénital où elle est un symptôme capital, la cyanose n'a jamais été observée dans les cas de rétrécissement acquis, si ce n'est à la période d'asystolie, comme dans toutes les autres affections cardiaques.

Notons, en passant, que le pouls n'offre rien de caractéristique ; il est ordinairement petit, régulier et sans intermittences.

Nous voyons donc par là que les symptômes généraux ne peuvent nous éclairer beaucoup sur le diagnostic de la maladie ; les signes physiques seuls nous permettront de la reconnaître d'une façon presque certaine.

Passons donc maintenant à leur étude.

*Inspection.* — L'inspection, dans la plupart des cas, ne nous donne aucun renseignement ; on a signalé parfois un léger soulèvement qui provenait soit de l'hypertrophie du cœur droit, soit d'une énorme dilatation anévrysmatique de l'artère au-dessus du rétrécissement (obs. I, de Solmon).

*Palpation*, — La main appliquée sur la région du cœur a la sensation d'un frémissement vibratoire plus ou moins intense, mais toujours nettement perçu lorsqu'il se produit.

Ce frémissement, qui est systolique, a son maximum d'intensité à la base du cœur, dans le deuxième espace intercostal gauche. Dans l'observation I du docteur Solmon, on pouvait également sentir une légère impulsion produite par l'expansion de l'artère dilatée, au moment de la diastole.

*Percussion.*—A la percussion on constate toujours une matité considérable, due à l'hypertrophie ou à la dilatation du cœur droit.

Cette matité est surtout marquée dans la partie droite de la région précordiale, s'étendant sous le sternum dont elle peut dépasser le bord droit de plusieurs centimètres.

*Auscultation.* — Nous voici arrivé au symptôme physique le plus important, le bruit de souffle dont voici les caractères précis. Ce souffle, qui est quelquefois assez intense pour qu'on l'entende à distance (obs. I, Solmon), présente, comme le frémissement, son maximum à la base, dans le deuxième espace intercostal gauche, surtout à la partie interne, c'est-à-dire précisément au point correspondant à l'orifice de l'artère pulmonaire. Ce souffle, systolique, se prolonge de droite à gauche, en suivant la direction du tronc de l'artère, et cesse brusquement, un peu avant d'arriver à la clavicule, au point où se fait la bifurcation. Il est dur, rapeux, couvre le premier bruit, le petit silence et même quelquefois le second bruit. On a remarqué dans plusieurs cas que le souffle diminuait considérablement d'intensité lorsque le malade se levait et se tenait debout (obs. de M. Paul et de M. Duguet).

D'après M. Paul, cela tient à ce que, dans la station debout, la circulation de l'artère pulmonaire est ralentie par la pesanteur, tandis que dans le décubitus horizontal le sang de l'artère, suivant l'action de la pesanteur, y coule avec plus de rapidité et donne lieu à des bruits plus intenses.

Anatomie pathologique. — D'après les différentes observations signalées jusqu'ici, on peut dire que la lésion a son siége d'élection au niveau des valvules sigmoïdes.

On l'a observée également, mais beaucoup moins souvent, au-dessous des valvules, c'est-à-dire au niveau de l'infundibulum ; c'est ce que M. Paul a désigné sous le nom de rétrécissement pré-artériel (obs. VII, VIII, IX, X du mémoire de M. Paul, obs. Bondet).

Enfin, dans quelque cas, le rétrécissement s'est produit au-dessus des valvules (obs. XI et XII de M. Paul, obs. d'Oppolzer cité par Solmon). Il s'est trouvé également des cas où l'infundibulum était pris en même temps que les valvules (obs. II de M. Paul, obs. I de M. Duguet).

(*a.*) *Siége au niveau des valvules.* — Il est une disposition fréquente du rétrécissement sur laquelle nous devons insister. Cette disposition, signalée par M. Paul dans son mémoire, existe également dans l'observation I de Solmon, ainsi que dans celles de MM. Budin, Straus et Duguet. « Les bords contigus des valvules épaissies sont soudés de telle sorte que l'artère pulmonaire, à son origine, est, pour ainsi dire, munie d'un diaphragme membraneux percé d'un orifice central, et ce diaphragme perforé, offrant une convexité du côté de l'artère, et une concavité du côté du cœur, représente une sorte de voûte ou de dôme formé par l'accolement étroit et régulier des trois valvules sigmoïdes. Ce dôme fait, dans l'artère, une saillie analogue à celle que fait dans le vagin le museau de tanche d'une vierge. Entre cette voûte et la face interne de l'artère existe un sillon profond, circulaire, subdivisé en trois segments par les vestiges des attaches valvulaires : ces trois segments forment trois cavités qui rappellent exactement les trois nids de pigeon des valvules normales. »

Cette forme du diaphragme nous indique certainement la pression de la colonne sanguine cherchant à franchir l'orifice rétréci. Quant à cet orifice, il est ordinairement très-petit, et laisse à peine passer l'extrémité d'une sonde ou d'une plume d'oie.

M. Duguet insiste sur ce fait que les valvules sont toujours dépourvues de végétation.

(*b.*) *Siége au niveau de l'infundibulum.* — Dans les cas de rétrécissement pré-artériel, lequel est ordinairement produit par une myocardite avec perte de substance, puis rétraction cicatricielle, il peut arriver qu'au lieu de se faire à un endroit seulement, et de former ainsi un anneau fibreux, il occupe la presque totalité de l'infundibulum qu'il transforme alors en un véritable canal étroit et rigide.

(c.) *Siége au-dessus des valvules.* — On n'a jamais observé ce rétrécissement sur le tronc même de l'artère; les branches seules en sont le siége : il est produit soit par une tumeur extra-artérielle, comme dans le cas d'Oppolzer, où les ganglions bronchiques tuméfiés comprimaient la branche droite de l'artère, soit par un caillot plus ou moins volumineux ayant subi un commencement d'organisation, comme dans le cas de Rosapelly (Bulletin de la Société anatomique, 1872), où le caillot avait presque fermé la lumière de l'une des branches, soit enfin par suite de l'athérome artériel (obs. XI et XII de C. Paul).

*Lésions anatomiques secondaires.*

La première conséquence du rétrécissement, qui se présente à nos yeux, c'est l'hypertrophie avec ou sans dilatation des cavités droites. Il n'y a là du reste, rien que de très-ordinaire, les différentes lésions des orifices cardiaques, et surtout les rétrécissements étant habituellement suivis de cette complication. Nous n'insisterons donc pas sur ce point.

Notons seulement, avec le professeur Potain, que la valvule tricuspide, participant elle-même au développement général, subit un allongement et devient rarement insuffisante.

Passons maintenant à une autre conséquence du rétrécissement que, jusqu'ici, on n'a pas encore expliqué d'une façon satisfaisante : l'artère, dans la plupart des cas, se dilate au-dessus du rétrécissement, et forme une sorte de large sinus infundibuliforme à base supérieure. A quoi est due cette dilatation ? Les uns l'attribuent à la stase du sang au-dessus de la lésion, stase provenant de ce que le sang lancé avec moins de puissance ralentit son cours, et exerce ainsi une sorte de pression sur les parois du vaisseau.

D'après les autres (Solmon), la lésion pulmonaire consécutive au rétrécissement jouerait le rôle pathogénique principal, agissant ainsi comme l'emphysème, les adhérences pleurales, et même la tuberculose qui retentissent sur le ventricule droit, et peuvent causer l'insuffisance tricuspide.

Ne serait-il pas plus logique d'admettre, avec le professeur Potain, que par suite des dépôts athéromateux le vaisseau perd son élasticité, s'amincit et se laisse facilement distendre par la colonne sanguine?

Quoi qu'il en soit de la cause, le fait existe, et la dilatation de l'artère peut-être parfois assez considérable pour déterminer un soulèvement marqué de la paroi thoracique (obs. I, Solmon). Dans l'observation VI de M. Paul, la dilatation était allée jusqu'à 16 centimètres.

Une des conséquences les plus importantes de la sténose pulmonaire, qu'elle soit acquise ou congénitale, est certainement la phthisie.

Depuis longtemps, on a remarqué la fréquence de la phthisie chez les malades atteints de rétrécissement. Norman-chevers et Lebert ont beaucoup insisté sur ce fait, et ce dernier dans ses recherches constata la phthisie dans la plupart des cas qu'il avait rencontrés (Ueber den Einflus der Stenose, etc., in Berl. Klin. Wochenschr., 1867). On a beaucoup discuté sur la question de savoir si la lésion pulmonaire était une simple coïncidence, ou bien une conséquence certaine de la lésion cardio-vasculaire. On a même pensé qu'elle était elle-même la cause et non la conséquence (obs. de Meynet). A notre avis, la lésion pulmonaire est certainement la conséquence, et nous nous rallions complétement à l'opinion de M. Duguet. D'après lui, le rétrécissement diminuant le champ de l'hématose, est une cause d'affaiblissement général au même titre qu'un rétrécissement du larynx, de la trachée, ou qu'un travail continu dans un air confiné à l'abri de la lumière. Il doit donc donner lieu à une tuberculose généralisée, plutôt qu'à une manifestation localisée au poumon comme l'admet volontiers M. Solmon, qui fait principalement de cette lésion une pneumonie caséeuse ayant pour origine multiple soit les tubercules, soit les pneumonies fibrineuses et catarrhales, soit même les infarctus hémoptoïques.

DIAGNOSTIC. — Comme nous l'avons vu plus haut, les signes du rétrécissement sont très-nets; on pourrait toutefois le confondre avec le rétrécissement aortique, la péricardite et l'anévrysme de l'aorte. Voyons donc en quelques mots les signes qui pourront nous éclairer sur le diagnostic différentiel.

Dans le rétrécissement aortique, on constate bien un souffle à la base et au premier temps, comme dans le rétrécissement pulmonaire; mais le souffle aortique a son maximum au foyer des bruits aortiques, c'est-à-dire à droite du sternum, et son prolongement se fait également à droite dans le sens de l'aorte, jusque dans les vaisseaux du cou, tandis que le souffle pulmonaire a son foyer à gauche du sternum, à la partie interne du deuxième espace intercostal gauche, et qu'il se propage à gauche, du côté de la clavicule, dans le sens de l'artère pulmonaire. De plus, dans la sténose aortique, c'est le ventricule gauche qui est hypertrophié, tandis que c'est le droit dans la sténose pulmonaire, ce que nous indique la percussion, par le siége et l'étendue de la matité. On pourrait également recourir à l'étude des phénomènes généraux, qui, nous l'avons dit, ne sont pas les mêmes dans les deux cas.

Le frottement de la péricardite sèche pourrait aussi nous en imposer, mais, ici encore, on peut voir que les caractères du souffle artériel présentent avec ceux du frottement des différences très-marquées. Le frottement, qui est inégal, n'a pas un siége constant; il est superficiel et peut s'entendre dans toute la région du cœur. Le souffle est plus profond ; il est quelquefois très-étendu, mais il présente toujours un maximum au niveau du point correspondant à l'orifice artériel. Le frottement est sec et ne se propage pas au loin.

Le souffle est filé, et se prolonge suivant la direction de l'artère. De plus le frottement, qui est très-sujet à varier, devient plus fort lorsque le malade s'assied, tandis que nous avons vu le souffle du rétrécissement augmenter par le décubitus horizontal, et diminuer dans la position verticale.

On ne pourrait confondre le rétrécissement avec un anévrysme de l'aorte que dans les cas où cet anévrysme siégerait sur l'aorte descendante, car cette variété seule pourrait donner des bruits de souffle à gauche du sternum, mais alors on observerait de l'aphonie par suite de la compression du nerf récurrent, l'hypertrophie du cœur gauche, et un retard du pouls crural sur le pouls radial, tous symptômes qui n'existent pas dans le rétrécissement pulmonaire.

Peut-on diagnostiquer un rétrécissement acquis d'un rétrécissement congénital? Oui, répondrons-nous, mais, pour réussir, il faut s'adresser aux antécédents et non pas aux signes physiques qui sont à peu près les mêmes dans les deux cas. Lorsqu'il s'agit d'une lésion congénitale, l'enfant souffre dès sa naissance, il est plus ou moins cyanosé, sujet à l'essoufflement, aux palpitations, aux syncopes, et dépasse rarement l'âge de 15 ans. Dans tous les cas, il ne présente jamais un développement complet. Dans le cas de rétrécissement acquis, on ne voit rien de tout cela : les sujets ont toujours été bien portants ou à peu près, et ce n'est qu'à une certaine époque de leur vie qu'ils ont commencé à présenter les premiers symptômes d'une affection cardiaque.

Ce n'est pas tout : le malade une fois mort, on peut encore reconnaître à l'autopsie si le rétrécissement est acquis ou congénital. En effet, dans le cas où, pendant la vie intra-utérine, l'orifice pulmonaire s'est rétréci, le sang ne pouvant plus passer par l'artère, ou, du moins, n'y pénétrant que difficilement, est obligé de refluer et de s'écouler par les orifices alors existants, et les empêche ainsi de s'obturer d'une façon complète. De plus, l'artère cessant ou à peu près tout travail, finit par s'atrophier et se trouve bientôt réduite à l'état d'un canal étroit ou d'un simple cordon rigide.

Or, nous savons que dans le rétrécissement acquis l'artère est au contraire très-dilatée.

On pourra donc constater la présence ou l'absence de ces diverses lésions, et il sera facile alors de poser son diagnostic,

Mais, dira-t-on, dans le cas où l'on trouve une communication anormale entre les deux cœurs, est-on toujours autorisé à admettre que le rétrécissement est congénital? Non certes, car, il peut arriver, et cela s'est vu (obs. citée par C. Paul), que par suite de myocardite il y ait eu perte de substance, amincissement de la paroi interventriculaire, et enfin perforation complète, mais, la chose est excessivement rare; dans tous les cas, les antécédents seront là pour nous éclairer.

Nous ne parlerons pas du diagnostic à établir sur le siége de la lésion; à notre avis, il est impossible.

Étiologie. — Les différentes observations de rétrécissement pulmonaire acquis permettent d'attribuer cette lésion à plusieurs causes.

En première ligne, nous avons l'endocardite et l'endartérite, lésions que peuvent produire le rhumatisme et l'alcoolisme. Il existe une autre cause beaucoup plus rare, mais certaine, dont on a cité deux ou trois cas seulement, entre autres celui de Dittrich (in Prag. Vierteljahr, 1849, t. III). Nous voulons parler du traumatisme. Il n'y a là du reste rien d'étonnant, puisque l'orifice de l'artère pulmonaire est relativement superficiel.

Notons enfin une dernière cause qui consiste dans la compression de l'artère par une tumeur du voisinage.

*Pronostic.* — La marche et la durée de la maladie n'offrent rien de précis. Nous voyons, en effet, certains malades succomber plus ou moins rapidement aux complications pulmonaires, tandis que d'autres vivent assez longtemps avec leur lésion cardiaque jusqu'au jour où l'hypertrophie compensatrice cessant d'exister, ils sont emportés par les accidents habituels de la période de cachexie cardiaque, dite d'asystolie.

Quoi qu'il en soit, le pronostic est fatal.



Paris. — A. PARENT, imp. de la Faculté de Médecine, r. M.-le-Prince, 29-31.

www.ingramcontent.com/pod-product-compliance
Ingram Content Group UK Ltd.
Pitfield, Milton Keynes, MK11 3LW, UK
UKHW020454230726
13925UKWH00005B/1939